樣

· 蕭敬騰設計 ·

不一樣

林敬騰

一般人都容易看到其他人光鮮亮麗的一面，卻忽略了每個人的身後都有一道陰影，在陰影中藏著許多不為人知的障礙、辛苦與努力的過程。

對藝人來說，更是這樣。

這本書的製作過程，著實超過一位編輯的最初預期。

數個月前的午後，與老蕭的經紀人 Summer 聊出書的事。那時他剛演完公視的新戲，飾演一位心理醫師，在此之前，從新聞得知老蕭有閱讀障礙，他的人生、他的崛起、他的驚奇，某個程度來說跟這種障礙脫離不了關係，也讓我對此產生濃濃的好奇。

雖說老蕭從小學習障礙成績不好、誤入歧途卻努力翻轉人生的故事，早已成為教科書中的活教材而廣為人知，但身為聽說讀寫無礙的正常人，實在很難理解他如何克服生活中的大小問題，就拿演戲來說，他沒法像一般演員一樣讀、背劇本，又該如何記台詞，詮釋心理醫師的角色？

透過深度訪談才知道，原來老蕭小時候洗澡時因為看不懂標籤，不知道哪瓶是洗髮精哪瓶是沐浴乳，老是被罵；閱讀跟不上字幕跑的速度，所以外語電影他必須反覆看十次以上才能理解；剛出道時的「省話」，只是擔心髒話脫口而出；害怕搭飛機的恐懼症，嚴重到必須看心理醫師⋯⋯。

「不如讓老蕭跟幾位心理諮商師對談，或許能激發出不一樣的火花，如何？」我跟 Summer 做出這樣的提議。

我們安排老蕭與周慕姿、九色夫兩位同為作家的心理諮商師對談，理論上心理諮商師應該是主導話題的一方，引導談話者講出想講的話，但實際對談過程中角色卻像顛倒過來，面對兩位經驗豐富的心理諮商專業工作者，老蕭反客為主，一題又一題犀利的提問，直指人生、感情、價值、道德，頓時有種錯覺，到底誰是心理諮商師？誰又是病人？又或者，這兩者間的界線本來就沒這麼涇渭分明？

每個人都可能藏著心理的障礙，同時又成為某人的諮商師？

正當雙方談興正酣時，在一旁默默觀察的 Summer 發了一條訊息給我：「他永遠能讓我驚喜！」

整理書稿時，我逐漸理解那些「驚喜」來自何處：他說「練習就是不要臉」，一個人不斷苦練，不怕丟臉才有效果；他說「有沒有天份是別人說，努不努力是自己做」，從不給自己不試試看的藉口；他說「人與人的相處，應該要真誠地保持距離」，也無怪乎他在圈內人緣極好，得道多助。

那個傳統價值觀中不會唸書的笨孩子，其實聰明無比，就算有再多別人眼中的不完美，但他永遠不害怕面對真實的自己，站起身，跨過人生中那些坑坑巴巴的洞，將你眼中的缺陷，變成他獨一無二的天賦。

這本書是老蕭的「50 話」，50 個微型世界觀、人生觀，你不必成為蕭敬騰，但肯定也能跟他一樣，能成為自己的心理療癒師。

不一樣，沒關係，不一樣，才精采！

0

1

不一樣也沒關係

為什麼別人簡簡單單就能做到的事，但我不管多努力，就是看不懂？

我無法分辨「洗髮精」跟「沐浴乳」。

在學校裡被貼上了壞學生的標籤。

看電影我只能看華語片。

我很難有跟其他人看電影一起笑、一起哭的經驗。

2

大人的世界

我非常愛阿嬤,但她過世的當下我連眼淚都沒掉一滴。

其實,我不知道阿嬤已經過世——

因為每天還是看到阿嬤坐在她的椅子上。

我跟家人說我看得到阿嬤,但沒有人相信我。

3

練習就是不要臉

我有個怪癖，練習一定要自己一個人，

還沒練好之前要我在其他人面前表演，

比讓人看到洗澡赤裸全身還不自在。

只有自己面對自己的時候，不需要擔心要不要臉的問題。

4

決定自己呼吸的方式

很多人都覺得我的命運很好，我其實也一直心存感激。

我們該認命地相信命運，還是堅信人定勝天？

如果為了避免不幸發生，而改變命運，會不會也錯過後來發生的好事呢？

如果人生可以重來，我還是會選擇我原來的命運，而不是被修改過的命。

目錄

Contents

5

如果能夠再來一次

任何人都無法毫無悔恨地度過人生，
就算過去的人生有遺憾，那都是讓你變成現在的你的養分。
當然，未來我一定還會經歷很多事，不管是好事或壞事，我都不想錯過。

1
不一樣也沒關係

為什麼別人簡簡單單就能做到的事，但我不管多努力，就是看不懂？

我無法分辨「洗髮精」跟「沐浴乳」。

在學校裡被貼上了壞學生的標籤。

看電影我只能看華語片。

我很難有跟其他人看電影一起笑、一起哭的經驗。

1

對有障礙的人來說，
最痛苦的不是障礙本身，
而是別人的不理解。

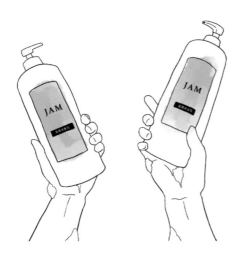

大概是小學低年級的時候，那時哥哥姊姊常拿著漫畫書，一邊看一邊大笑，當時我就想，這是怎麼樣的一本書，可以讓他們看得如此開心？我順手把桌上的漫畫書拿來看，但左看右看，我都不懂好笑的點在哪裡。

我問他們哪個地方好笑，聽他們講完之後再看一遍，甚至試著把對話框裡面的字一個一個讀出來，但還是沒辦法知道這一整段話是在講什麼，更困擾的是，我無法決定漫畫要從哪一格看起，是該由上往下？還是從左到右？

我的年代看漫畫書是小朋友最重要的娛樂來源，家裡兄弟姊妹又多，因此經常有一堆漫畫書，但我卻連兩頁都沒有讀完過。

閱讀障礙對小朋友的困擾還不只看不懂漫畫書這件事而已，小時候我沒辦法分辨「洗髮精」跟「沐浴乳」的差

別，外型看起來都一樣，我也看不懂標籤上密密麻麻的說明文字，只好洗到一半在浴室裡大喊：哪一瓶是沐浴乳？哪一瓶是洗髮精？

家人都以為我太皮找麻煩，在學校裡也常因類似的原因被老師或同學罵。小學時還好，但從國中開始課業壓力變大，怎麼讀都讀不懂，成績跟不上，其他人只知道「你是最後一名」、「上課時你都在睡覺」，身上就貼上了壞學生的標籤。

閱讀障礙的人生活上會有一些小問題，是正常人無法理解的，像是我沒辦法看華語以外的電影，因為我英文不好，看字幕的速度又很慢，如果劇情比較複雜需要靠字幕來理解，常常才看懂前面的兩三個字，直接就跳到下一段了，除非我不停地按暫停，或重複看很多次（我還真的看過了十次以上的《鐵達尼號》），但也因為這個

原因，我很難有跟其他人看電影一起笑一起哭的經驗。

為什麼別人簡簡單單就能做到的事，但我不管多努力，就是看不懂？小時候我很氣自己，長大之後慢慢就習慣了，只要習慣就不會覺得特別痛苦。其實對有閱讀障礙的人來說，最痛苦的並不是障礙本身，而是別人的不理解。

2

洗廁所超有意義超有成就感的。

因為閱讀障礙的關係，學生時期我在同學跟老師的眼中，就是個成績不好的笨蛋，但雖然書唸得不好，跟其他的笨蛋相比，不需要靠文字學習的科目，像是畫圖、雕刻跟運動我都很擅長，尤其是需要苦力的事，我都做得又快又好。

同學們最怕被老師罰掃廁所，但我剛好相反，每次被罰就覺得太棒了！這根本就是我最擅長的事！我不怕髒、不怕臭，絕對會把廁所洗到每一塊磁磚都亮晶晶，乾淨到讓每個來上廁所的同學或老師嚇一跳，我就覺得這件事超有意義超有成就感的。

像我們這種不愛唸書的學生，學校開了一個班專門收留，給了一個好聽的名字叫「技藝教育班」，但其實有點像傳統的放牛班，一般的課程既然跟不上，就安排學生做木工之類的勞作，每天都有事做，過得很開心。

我覺得傳統的教育模式，就是一種追求效率的做法，讓每個老師可以用一樣的方法來教五十個學生，但每個人的天份都不一樣，當然就會有少數人沒辦法適應，我就是其中的那一個。

大人碰到不想做的事會鑽漏洞偷懶，想出各種理由或辦法，去做或不做某些事，但小朋友不一樣，如果他做不到或不做某件事，一定有背後的原因，我覺得教育要做的，應該就是去了解原因，而不是只因為孩子做不到，就覺得是他笨或是偷懶，用責備或督促的方式逼他做到。

教育是我未來想做跟一定會做的事，我希望每個跟別人不一樣的孩子都能被理解，或許，先從教大家如何把廁所洗得亮晶晶開始？

3

沒人可以理解其他人的痛苦，
喜悅也一樣。

不管是為了自己，或為了喜歡的人，我曾經很努力試著要克服
閱讀障礙。

比方說，大約兩年前，我一邊當藝人，一邊在學校唸書，那一次
的期中考試，我花了很多心力準備，心裡很確定的想：「OK！

來考吧！我都準備好了！」甚至期待考試的到來，結果到了考試的時候，老師發了考卷，我翻開一看，總共有25題，低著頭拚命寫，覺得自己跟以前不一樣了；但當我寫到第10題的時候，忽然聽到老師說：「剩下最後5分鐘。」

我聽到當場傻眼，抬頭看看其他同學，想找是不是有人跟我一樣寫不完？但發現大家好像都寫得差不多了，甚至有同學舉手問說：「老師，我可以現在交卷嗎？」

我當下就想說：怎麼可能！怎麼又是這樣！

從小我回答問題的速度就比其他人慢，不是不會或不想寫，但就是寫不完，考卷的後半都是用猜的，所以每次後面總是錯得一塌糊塗。

我本來以為，那次考試可以不一樣。

因為我當時已經是藝人了，更不想讓老師覺得我故意擺爛，所以在考卷後面寫了留言跟老師說明，後面 15 題沒寫，不是故意，而是我真的盡力了。

看到留言的老師還特別來找我，主動詢問我的狀況。不過還好，大學之後的教學方式，比較著重在發表、申論、對談，需要文字跟閱讀的部分也還是有，但比例比較少一點，而且現在大家都了解「閱讀障礙」是怎麼一回事，比較有同理心。

沒有人可以完全理解其他人的痛苦或喜悅，年紀大一點之後比較能接受自己的缺點，也願意說出來，有些事情能說出來就會變得比較簡單。

4

先輦固好自己的優點，
再盡可能讓缺點減少，
我只是一直都這樣做而已。

每個人的時間都是有限的，應該根據自己的能力做好時間配置，比方說，我有閱讀障礙，所以我的英文一直學不好。其實，英文學不好，對現在的我來說，影響不算太大，因為我身邊很多英文很好的夥伴，像是我的經紀人 Summer 姐。

但我不會因為自己的缺陷而完全放棄學英文，我一直在尋找能讓自己多學一點英文的方式；又比方說，我對成語的理解能力也非常有限，很多成語根本聽不懂，更別說要使用在對話上，我也會想去找一本成語書，在有限的時間裡慢慢地讀，就算自己沒辦法用成語形容，起碼也聽得懂別人在講什麼。

但我不會把大部分的時間放在這些事情，在比重上，我會先鞏固好自己擅長的部分（像是音樂），剩下的時間才用來補強其他的學習。

5

每個人都是獨立的個體，
而獨立是生存的必要條件。

跟寫作《情緒勒索》的心理諮商師周慕姿聊天，談起關於情緒勒索的相關話題。

我覺得這個狀況存在社會的每一個角落，只要有人際關係的地方，就可能產生情緒勒索，越親密的人之間，這種情形就可能越嚴重。

我從小就覺得媽媽很辛苦，除了要十月懷胎忍痛生下小孩外，還得為了養育小孩放棄許多夢想，因為這樣，她們當然會對小孩有些期待，但小孩脫離娘胎後就是獨立的個體，他們也有自己想做的事，有自己必須處理的人生課題，無法完全按照媽媽的期待生活；然而，能長到這麼大，畢竟是接受了爸媽很多的照顧與恩惠，又無法完全不顧他們的想法，就產生了「情緒勒索」的狀況。

「對啊！我在心理諮商師臨床遇到的狀況中，這樣的情形

佔了六七成，所以，我才興起寫這本書的念頭，讓大家正視這個議題。」周慕姿說。

我覺得想要改善這個問題，必須正視每個人都是獨立個體這件事。

因為是獨立的個體，所以不管是父母或小孩，甚至是情人或朋友之間，大家都必須互相尊重，在這個前提下，每個人才有生存的可能。

做媽媽的不用因為自己十月懷胎辛苦把小孩生出來養大，就認為孩子必須要按照自己的方式生活，稍微不如意就搬出「想當初……」來威脅小孩。

小孩也不需要因為無法照父母的期待去做，就產生壓力跟愧疚，覺得自己虧欠了父母或是對自己的價值產生懷疑。

不只是親子之間，情人跟朋友之間也是這樣。要用平等的態度去對待每一個人，不管是男人還是女人，大人或是小孩。

每個人都是獨立的個體，都有自己的功課與人生需要去完成。

6

跟別人一樣，
只是尋求安心與認同的方式。

很多人害怕自己跟別人不一樣，也很多人害怕別人跟自己不一樣。

因此，必須想盡辦法把周遭的人同類化，或是，讓自己跟周圍的人都一樣，藉以得到安全感。（反正，好，大家一起好；死，大家一起死！）

但這真的是對的嗎？

會不會這一切只是個陷阱呢？我經常這麼覺得。

比方說，當過兵的男生一定會跟其他人吹噓當兵的很多事，彷彿沒當兵，人生就缺少了重要的一頁。

但其實，心裡卻想著：當兵真是浪費時間，能不當兵多好！

比方說，很多女生結婚生子後，就會催促其他女性朋友也要走上一樣的路，不斷地誇大結婚生子的好處，就好像婚後的種種衝突跟苦惱都不曾發生過一般，又好像若沒有結婚生子，生活就會有很多缺憾。

但其實，當她們看到其他還沒走入婚姻的女性朋友，繼續打扮光鮮，過著多采多姿的單身生活時，心裡經常是很羨慕的。

跟別人一樣的生命歷程真的適合每一個人嗎？或者，這真的適合我嗎？

不管是誰都這樣懷疑過吧！

我覺得這是一個很值得思考的問題，至少當我們決定要跟別人一樣時，一定要想想：我是真的想這麼做？還是，只是缺乏自信跟安全感？

2
大人的世界

我非常愛阿嬤，但她過世的當下我連眼淚都沒掉一滴。

其實，我不知道阿嬤已經過世──

因為每天還是看到阿嬤坐在她的椅子上。

我跟家人說我看得到阿嬤，但沒有人相信我。

7

神會心眼小到

叫你不要跟某些人或其他神做朋友嗎

應該不至於吧！

我家全家都是基督徒，我的叔叔是牧師，全家除了我以外都受洗（我也不知道為何自己沒受洗？），從小就是在講道中成長，我信仰的第一位神就是上帝，國中之後因為在萬華長大，開始進出宮廟，一開始，家人很反對，甚至還因此常被教訓。

我覺得，信仰應該是種大愛的正能量，我信仰的，並不是單一的神，所有能正向幫助人類的神我都尊重。

全能的大神會心眼小到叫你不要跟其他的神或人做朋友嗎？我覺得應該不至於吧！（有神這麼小氣的嗎？）

我需要神的支持跟勇氣，比方說搭飛機的時候就會禱告，我的禱告詞有一定的順序，通常先從上帝開始，然後逐一唸出我信仰的眾神，接著是我過世的親人、朋友，全數依序唸完後，跟他們講話禱告，感覺自己跟祂們的

距離很近，我祈求祂們給我健康、平安和勇氣，這樣對我就已經足夠了。

我從來沒求過財，就算我跟財神爺禱告也不曾求財，只祈求祂給我平安，求財這樣的話，我說不出口，想要賺錢，自己認真工作就好。

8

鬼其實不可怕，只是自己的投射。

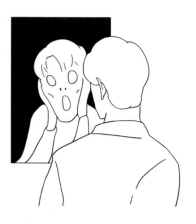

我在《魂囚西門》的劇中飾演一位心理醫師，他的特異
功能就是會見到鬼，口碑相傳，就有一堆「鬼病人」找
上門，這故事跟我的童年經驗是相通的，雖然我們全家
都是基督徒，而基督教並不承認其他鬼神的存在，但我
從小就見過祂們。

第一次見鬼是在小學的時候，某天在房門打開的瞬間，
我看到像是廟裡的神像一般，不知是神是鬼，但一轉頭
又不見了，頻率一多之後我大概知道，只要轉到某個特
定的角度就可以看得到。

直到國中時看到七爺、八爺、八家將，身上穿著色彩鮮
豔的服裝，臉上化著非常有張力的妝，我才回想起原來
小學時常撞見的就是祂們，我也因此對宮廟多了一份親
切感，便時常流連於宮廟的陣頭活動。

但我們家是虔誠的基督教家庭，聖經說除了上帝之外，其餘的神都是惡魔扮成的，家人非常反對我去宮廟，只要一被發現，就是一頓毒打。但我不覺得祂們是惡魔，祂們是神，只是不一樣的神。

國二時因為學習進度跟不上同學，對人生也很迷茫，沒人可以理解，那是我人生中最低潮的一段時間，不但壞甚至有點冷血，也就是那時候，很多鬼靈都來找上我，我也很容易就可以看見一些奇怪的牛鬼蛇神。

可能就像許多人說的，小孩對鬼神的感應比較強烈，還沒被現實世界所束縛，因此感應力較強。但小孩很快就會被大人糾正並灌輸，看到的東西是假的，鬼是不存在的，久而久之就相信自己看的只是錯覺，逐漸失去感應的能力。

自從成為失去感應能力的「大人」之後，我也很少再想起這段回憶，直到拍《魂囚西門》後，跟原創作者九色夫聊起這事。沒想到九色夫也看得到鬼，只是跟我見到的完全不一樣。

「我那時見到的鬼，有點像是《變蠅人》裡的那種蒼蠅。我那時正處非常憤怒、氣到睡不著覺的情緒，忽然發現有東西在吸食我的怒氣，它也不是跟我有仇，就只是像在進食般，我像是它一餐肥美的食物，而它每咬我一口，我就會更生氣一點。」

九色夫的靈學老師曾跟他說，越是情感豐富的人越會引來鬼靈靠近，情緒低落的時候尤其容易。「那段期間，它們經常會在我家的客廳或臥室出現，只要一放鬆就會莫名其妙生氣起來，然後它就來吸食我的怒氣，讓我困在憤怒的情緒中，我若能恢復理性思考，切斷心中莫名

的憤怒，就可以剪斷跟它的連結。它靠人類的怒氣過活。
也許它也不是鬼，而是妖或魔或其它我不知道的東西，
但總之讓我很不舒服。」

我從來不怕鬼，也不排斥見到鬼，彼此的相遇一定都是
因為一些特別的因緣才會連結起來、感受到對方的存
在，有時候我想，這一點不論人與人、或人與鬼之間都
一樣。

9

頻率對得上才可能溝通。

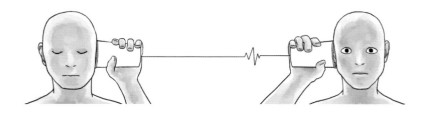

我覺得，不管是跟人或鬼魂溝通，最重要的是：頻道可以對得上。

在這個眾多訊息四處亂竄的網路世代，每天有數以億萬計條資訊透過各種管道穿梭，一個人一天究竟可以接觸到幾條？其中又有多少可真的竄進人的心裡、腦裡，甚至產生互動或共鳴？

古人常說的：話不投機半句多。大概就是這個道理。

頻率對了，才可能接收到訊息，訊息內容引起人的興趣跟注意，才可能激發共鳴產生互動，有了互動才算得上有效的溝通。

至於頻率要怎麼樣才能對得上？

可能就是所謂的緣分吧！

10

大人很愛說謊，但被戳破後就會很生氣。

那一年，我阿嬤過世了。我非常愛阿嬤，她是我們家的支柱，不管是精神上的還是經濟上的。當時家裡的經濟狀況非常不好，非常窮，全靠阿嬤擺地攤賺來的錢養活三代人。

但是我沒有表現出任何哀傷，連眼淚都沒掉一滴，依舊成天跟朋友玩得開心又熱鬧，家人都覺得我很不孝，對著我搖頭，這大概跟我當時表現出來的冷血態度也有關係。

其實，我會這樣，不是因為我不悲傷，而是我不知道阿嬤已經過世了。

因為我每天都還是看到阿嬤坐在她的椅子上，從她過世那天開始，每天都坐在同一個地方，直到兩個禮拜後，忍無可忍的家人嚴肅地告訴我：「阿嬤過世了！你到底知不知道？」

我詫異地跟家人說，「可是我還有看到阿嬤，阿嬤就坐在那裡啊。」大家順著我手指的方向看去，但根本沒有人願意相信我。

家人的反應讓我大受打擊，等我真正確認了阿嬤逝世的事實，整個人才大崩潰，已經慢了整整兩個禮拜。

從那次之後，我就再也不跟家人或其它人講我看得到鬼神的事，而且也下定決心不要再看到祂們了。很奇怪，就好像有感應一般，我就真的再也看不到祂們了！

聽我說完阿嬤的故事，九色夫心有戚戚焉地說，很多憂鬱的人，都是從小就學會把自己的情緒藏起來，只有在碰到對的人的時候才會敞開心門，就像他憂鬱症的源頭，來自於家中父母對他的控制慾，無法接受他跟其他小孩不一樣，他說，「我從小就知道，大人經常是很笨

又愛生氣的,講話最好不要惹到他們,如果他們的謊言
被揭穿,就會很生氣,甚至修理你。」

各位大人們,即便聽起來再不可思議,試著相信小孩們
說出的每一句話,好嗎?

11

帶著憤怒跟不滿的開心，
不算是一種幸福。

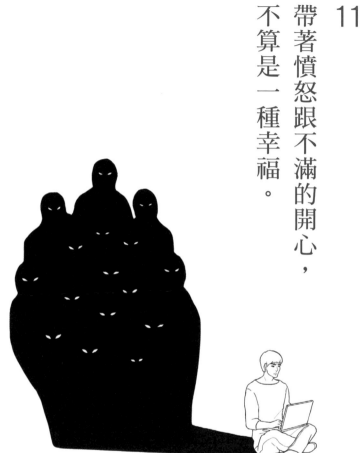

幸福跟人的心態有關，當你覺得開心時，就是一種幸福。比方說，十七歲在民歌餐廳唱歌時，我就覺得自己很幸福。

因為我喜歡唱歌，這是我最熱愛的一件事，又可以養活自己，那時我只求餐廳不要倒，餐廳經理不要開除我，其他的，我都覺得沒關係！就算沒踏入演藝圈，我覺得可以在餐廳唱歌一輩子，對我就很足夠了！

但一樣是開心，還是有程度的差別。

比方說，現在網路上有很多酸民，在網路上留言酸別人，在打完字的瞬間，看到有人附和的時候，他們也是很開心。但這種開心，多少帶有憤怒跟不滿，這種開心就稱不上「幸福」。

我也曾經試過在網路上留言反擊那些酸民，剛留言完覺得很爽，看到有人支持覺得更爽，但我很快地發現，那不是我要的，反而讓自己很不開心，所以我很快就刪除了留言。

我發現「開心」跟「幸福」有著明顯的差別，人能滿足自己的現況，並珍惜手中握著的東西，就是幸福。

十七歲時的我，很幸福。

現在的我，也很幸福。

在生活中，除了盡量尋找開心的事情外，知道自己的弱點在哪裡，適度保護自己，避開讓自己不開心的事，也是追求幸福的方式之一。

12

老是對自己說
「都是我的問題」，
才是大問題。

我常覺得藝人的工作很像心理醫師，我們要不斷用正面的形象面對外界，有很多人都是想得到安慰，才來聽你唱歌、聽你說話。

但藝人也是人啊，難免也會有負面情緒，也想發發牢騷，但總是會想，我已經是這麼幸運了，這社會上比我辛苦的人不知道有多少，這些負面都是我的問題，我應該自己想辦法來解決，而不是找人吐苦水。

也因此，我從沒想過自己需要去看心理醫師，要跟陌生人說

出心中那些黑暗的、負面的、不平衡的感受，不僅心裡
很緊張，也非常抗拒。

因為我非常害怕搭飛機，但又為了工作經常需要到處飛，
去找心理醫師，這代表我必須要坦誠自己的恐懼和無能
為力，所以，我掙扎了很久，最後真的沒辦法才去的。
我從沒想過自己有一天會是個需要看心理醫師的病人。

結果跟醫師聊開之後，談到更多的問題，聊了很多平常
沒跟人提過的工作壓力、心中的不平衡……。當你坦承
自己是病人後，就可以脫下很多包袱，露出自己心裡最
脆弱的那一面。

碰到自己無法面對的問題，看心理醫師真的有幫助，但
心中還是有點小小後悔，未免也講了太多自己的八卦了
吧。（笑）

13

煩惱就像搭飛機碰到亂流，
其實微不足道。

14

你就是自己的心理治療師。

因為要扮演心理醫師，導演為了幫助我進入狀況，在現場有安排專業人士提供建議，例如碰到某某狀況，心理醫師會怎麼做 …… 但我覺得這世上有千百種心理醫師，不會只有一種方式，所謂的表演，也不應該只是把專業建議複製出來而已。

我在跟這齣戲的原著作者九色夫對談的時候，他跟我分享自身經驗，雖然他身為心理諮商師，但同時也是憂鬱症患者，所以病人與醫師兩種角色他都很有經驗，他說，原本他也很抗拒尋求專業幫助，甚至覺得很多諮商師的功力太差，無法幫他解決問題，一直到後來碰到更大的挫折，才真心地尋求心理諮商師的幫助。

九色夫說，那位諮商師的桌子旁邊擺滿了各種玩具，病人可以一邊玩玩具一邊談話，這也是心理諮商的技巧之一，當病人把注意力放在把玩玩具時，就像跟別人講故

事般,把自己的問題跟想法說了出來。

「醫師其實就是透過病人的小動作、聲音的變化這些細微的觀察來做引導。」九色夫說,重點不在於病人說的是真是假,就算病人講的是謊話,也都會把它當成真話,從另一個角度來看,病人也希望有人可以相信他們,當互信建立之後,就會把實話說出來。

他也很好奇,明明在他的故事裡,主角幫病人看診時是不會邊問診邊畫畫的,為什麼我會加進這個橋段?

其實我的想法很簡單,心理醫師也是人,只要是人就必須找到情緒的出口,就像我寫歌、你寫日記一樣,當你願意透過一種方式,表達出你心中的想法,就是一種紓解壓力的方法。

其實，很多事只要願意講出來，就是解決問題的第一
步了。

15

就算繞了些遠路，終有到達的一天。

心理醫師的治療，說起來，也不過就是聊天而已。

那麼這跟一般之間的閒聊有什麼不同呢？我問。

「其實，最大的不同是：心理醫師的談話是有方向性的。」九色夫說。

心理醫師通常會根據病人的狀況設定一個治療的目標，透過跟病人的對談，踩著既定的步調，朝預定的方向前進。

雖然有時候，進展跟預期會有些差距，但心理治療這件事，沒有辦法太急，就算原地踏步，或是稍作休息喝口水，甚至繞點遠路也沒關係，只要確定方向，持續不斷地前進，終於有到達目的地的一天。

「就算到最後沒有到達目的也沒關係，心理醫師是陪伴病人走過一段旅程的夥伴。」他這樣告訴我。

這樣說來，歌手也像是某種心理醫師。

不論快樂或悲傷，能用音樂陪伴歌迷一起走過一段人生旅程，對我而言，就是最幸福的事。

16

愛，要多想一點。

我不是一個輕易把愛掛在嘴邊的人。

因為愛是一種責任，一種擔當，而不是一時興起地空口說白話。

當我決定要愛一個人的時候，我會想很多想很遠，我會盡自己一切的力量來避免她受到傷害，不管是眼前馬上會發生的，或是很久以後才可能會發生的。

我會盡一切的力量，把最美好的事物留給她。

不管是我的情人或是未來的孩子都一樣。

我不喜歡很多人想都沒想，只是一時衝動就脫口說愛，然後，當事情發生時，才雙手一攤說：我當時沒想這麼多。

這也是為什麼社會上有這麼多問題家庭、怨偶跟遭受家暴的孩子。

如果在說「愛」之前，大家可以多想一下，我覺得很多悲劇都可以避免。

3
練習就是不要臉

我有個怪癖，練習一定要自己一個人，
還沒練好之前要我在其他人面前表演，
比讓人看到洗澡赤裸全身還不自在。
只有自己面對自己的時候，不需要擔心要不要臉的問題。

17

有沒有天份是別人說，
努不努力是自己做。

雖然我從小在學習過程中很少得到肯定，但我喜歡玩音樂，一路以來也都做得還不錯，有人羨慕我，認為是因為我在這方面很有天份，才能在音樂圈發光發熱，我倒是不敢說自己有多高的天份，但可以肯定的是，在這過程中我很努力也付出了很多。

因為自己有某方面的缺陷，我更能體認到上帝造人各有不同，一定有些地方多給你一點，有些地方少給你一些，像是閱讀障礙的確對我的生活造成困擾，但無形中也等於逼著我學習，如何在不使用文字的情況下認識世界、與別人交往、傳遞我心中最真實的感情，某種程度來說，上帝給我的缺陷，也等於是給我的天份。

在閱讀障礙者的眼中，每一個字就像一張圖，我就算看得慢，或無法理解文字結合起來的意思，但並不妨礙我對於文字之美的欣賞，很多粉絲知道我喜歡畫圖，我也

很愛寫字，我把字當成畫，別人是寫字，我是「畫字」，
雖然字並不特別美，但不論是毛筆字、鋼筆字我都愛。

我覺得人的大腦真是太奧妙了，這就好像一條路走不通，
大腦自動引導你換一條路走，最終也同樣到達目的地。

18

想辦法把不懂的事搞懂，就是上進心。

不管是運動或玩樂器，我會的東西都是自學來的，學校老師教我的東西，我幾乎都沒有吸收（苦笑）。但是自學的動力是什麼？是因為我對很多事情都會感到好奇。

就拿變魔術來說好了，我的魔術啟蒙老師是我爸，小時候，他很喜歡變魔術給我們看，我每次都瞪大眼睛發出「哇！」的驚呼，但每個小孩反應不一樣，像我哥就會說，這不是真的，一定是怎麼怎麼做到的，騙我們小孩子。

但我不是這樣,我因為很好奇,會想追根究底地研究,並且開始練習,直到自己也能做到或甚至要更厲害為止,好奇應該就是最好的學習動力。

我對魔術的興趣被開啟了之後,很快地,學會我爸的魔術已經無法滿足我,就開始自學,高中時,我有位同學的朋友在羅賓老師的店裡打工,幫忙賣魔術道具,他賣道具的方式很有趣,不是冷冰冰地講價錢,而是先表演魔術給顧客看,我開始跟他學了不少技巧。

魔術真的很有趣,一旦掌握技巧後,每個人的表演方式跟流程都不太一樣,這跟表演者的個性很有關係。之後,我開始看 YouTube 的影片學習,當掌握基本技巧,學習就會變得相對容易起來,剩下就是時間與練習的累積,要不斷的練習,才可能做得更好。

我覺得,「把事情弄清楚」就是一種上進心,也是我碰到不會的事情時的學習方式。

19
好奇心是學習一切事物的動力。

20 做喜歡的事可以帶給你快樂，但不代表讓你有飯吃。

我從小就喜歡音樂，音樂可以帶給我快樂，但快樂不代表它可以讓我有飯吃，比起空做白日夢，我是一個非常踏實的人。

我一開始在民歌餐廳唱歌，一個小時薪水是兩百三十塊，每週就只有一個小時的工作機會，一個月賺不到一千塊，快餓死了！

但是那時剛入行的歌手都是這樣的，而且要花很多的時間練

歌，起碼要會個幾百首上千首的歌，任何客人點歌，每
三首起碼得會唱兩首，餐廳才會找你去唱，到後來，我
唱的時數越來越多，經常從中午十二點開始，一路唱到
隔天早上六點，除了中間趕場休息的時間，幾乎都在唱
歌，早上回到家如果還有體力的話，還會繼續練，增加
學新歌的數量。

這段期間受到很多哥哥姊姊或上司的照顧，像賴銘偉就
很照顧我。我進民歌餐廳唱歌時，他已經入行六年了，
在民歌餐廳界是非常紅的歌手，他也介紹過很多場子給
我，讓我有機會被很多人看到。

在唱民歌餐廳的後期，我一個月可以收入十萬，現在回
想起來，當時唱歌的量真是不人道，拚命唱歌還得想辦
法保護嗓子，就像職業球員在打球跟保護自己不要運動
傷害之間糾結一樣意思。

21

認識自己是比追求夢想更重要的事。

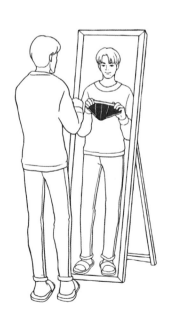

我參加過很多的選秀節目，許多參賽者都是對音樂有興趣的年輕人，看起來他們對音樂的熱愛不比我少（當然這是不可能的，哈哈哈），但是因為你很愛玩音樂，就一定可以當成是一種職業嗎？大家都說，有夢就要去追，努力就可以圓夢，所以，喜歡音樂喜歡唱歌，就得要不顧一切的去參加比賽，賭一個出道成名的機會，這樣真的是對的嗎？

我自己也是選秀節目出來的，當被問到「老師，為了音樂夢，我是不是該繼續不斷地參加比賽？」這類問題時，會有一點小小尷尬。不過平心而論，我覺得圓夢值得肯定，努力也很重要，但對一個剛踏上音樂路的年輕人來說，「自覺」卻比任何事情都重要。

人一生中，最重要的學習是認識自己，認識自己是比追求夢想更重要的事。並不是擁有學習的動力，就一定能

把東西學好，必須在學習的過程中，不斷地認識自己，了解自己的能力跟界限，也就是所謂的「自覺」。

有些人因為喜歡音樂、喜歡唱歌，就覺得一定要唱歌給所有人聽，卻忽略了自己是否真的適合？

認識自己，知道自己具備什麼樣的能力，適合做什麼？根據自己的強項朝正確的方向努力，如此一來每一次的挫折，都會讓人更認識自己，更堅定自己的信仰，不會迷惘。換一個角度想，就算天份有限，做不成歌手，與音樂相關的工作還有很多，而且我覺得，每一個行業、每一個角色，不管層級高低，都有它存在的意義跟價值。

人每天都可能會發現適合自己的事，不管到幾歲，都會有新的發現。比方說，我最近發現，比起穿四角褲，我真的超適合穿三角褲……。（大笑）

22　自覺是成功的第一步。

剛入行的時候，我就只是一個來自萬華的宮廟小孩，一個非常台的台客。進入演藝圈，面對這個比萬華大上不知道多少倍的新世界，我就像游進大海裡的小魚一般不知所措。

以前大家叫我「省話一哥」，其實一開始除了不知道該如何好好說話以外，我還很怕以前的壞習慣，脫口而出不雅三字經之類的髒話（小朋友不要學喔），後來想一想起碼要做到自我控制，話說出口之前先想一想，寧可省話也不要說錯話。

大家會覺得我現在說話好像正常多了，雖然沒法跟專業的主持人比，但上節目擔任評審導師、演講似乎都難不倒我，其實這都不是一天兩天就能做到，我以前講國語是不捲舌的（雖然說現在也沒捲得多好），入行後自覺話說得不好，就開始自己練咬字，一開始，我每天唸報紙十分鐘，一個人躲起來，大聲緩慢地唸，練習舌頭的運用和表達方式，好多年從來不間斷，慢慢地說話就有自信了。

每個人都是由一連串的優點與缺點組合而成，沒有人什麼都會、什麼都強，我們如何將有限的時間與力氣，努力強化自己的優點，不放棄補強缺點，這是我認為自覺所帶來的意義。

比方說，前面提到因為讀書很慢，我的英文一直學不好，但我不會完全放棄學英文，希望有一天能練到與外

國人直接交談。又比方說，我的中文能力其實也挺有限，很多成語根本聽不懂，那就找一本成語書，讀到後來，起碼我可以漸漸聽得懂別人在講什麼。

23

練習就是不要臉。

大家都以為我們藝人練才藝，一定找很多老師，經紀人
助理都在旁邊陪著練，我沒辦法，我有個怪癖，練習一
定要自己一個人，不能讓任何人看見，我覺得練習的過
程對我來說是最私密的一件事，還沒練好之前要我在其
他人的面前表演，比讓人看到洗澡赤裸全身還不自在。

我有一個心得：練習要得到最好的成果，就是得不要臉，
因為會不斷地失誤犯錯，只有自己面對自己的時候，不
需要擔心要不要臉的問題。

像之前主持金曲獎，川哥（陳鎮川，金曲獎策劃人）
與 Summer 姐都認為就按照我平常說話的方式就可以
了，但我的第一個反應是：主持耶，還是這種超大型的
典禮，我之前也沒有主持的經驗，為了這件事，我還跟
Summer 姐冷戰了好幾天。

那段時間同時還在忙演唱會，當演唱會一結束，我突然意識到只剩下不到半個月就要金曲獎了，再不抓時間練習一定來不及，於是速速召集了大家開會，把我對主持的想法跟大家討論，也幸虧所有工作人員都很幫忙，在很短的時間內張羅到我想表演內容的所有資源。

但不論如何，最後還是得靠練習，我記得倒畫的那個橋段，我練了大概有九百多幅畫，最快的記錄能夠在三分鐘內完成，金曲獎那天我花了四分多鐘才畫好，大家看我畫起來好像很輕鬆愉快，其實我內心緊張得一直怕出包啊！

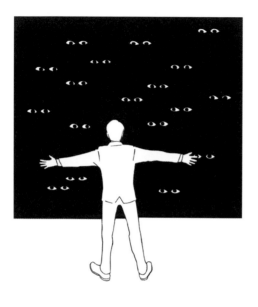

24

每個人都有包袱，
尤其是有人特別在意你的時候。

有人害怕自己有偶像包袱，但我卻覺得還好，我覺得人感受到自己有包袱的時候，就是有人特別在意你的時候。

我在十九歲的時候參加《星光大道》的演出，當時我是一個反派的角色，被大家取了個黑蜘蛛的外號，我的工作就是那些正派挑戰者奪冠路上的障礙，一直到現在都還有人因為那個角色討厭我。

但我無所謂，因為不管別人怎麼看，我還是我。

不管是不是反派的角色，我只是拿出全力唱歌而已。

那時我在西餐廳當歌手，除了工作外，我把大部分的時間跟精力都投注在音樂上，當時的我蓄著一頭長髮，長得白白淨淨的，西餐廳的同事覺得我挺適合就幫我報了名。製作單位通知我去試鏡，我也沒跟任何人說，就自

己一個人去了，錄了節目之後播出，獲得了不錯的迴響，接著和唱片公司簽了約，出自己的專輯，一路走到現在的位置，雖然越來越多人注目我，但在這過程中，我一直都是很淡定的。

經常有人問我：有沒有包袱？

當然有啊！人怎麼可能完全沒有包袱呢？

只是越是被別人在意，就要經常提醒自己要做得更好。

比方說，講髒話。誰在生氣的時候不會講髒話呢？但因為現在的我是公眾人物，所以就算是情緒不好，話到出口前，我還是會冷靜地想一下自己的表達方式適不適合？久而久之，就減少了脫口說髒話的頻率。

我期待任何時候都可以表現完美的自己。有時候，意識
到自己的包袱，就是自我提升的契機。

25

永遠要去問比自己厲害的人。

像我這樣出身的小孩，沒有錢沒唸過多少書，很難想像自己
有當上演員的一天。

第一次是演電視劇《命中注定我愛你》，演一個很呆的獸醫
師，長度大約三分鐘，嚴格來說這不算演戲，頂多是客串。

後來演九把刀的電影《殺手歐陽盆栽》，雖然不是科班
出身，沒受過正統的表演訓練，但我相信自己可以做
到，演戲讓我覺得很過癮。

練習當然是必要的，拿捏表演的分寸有一點難，但如果
想到讓人出乎意料的表現方式最讓我有成就感。

跟一般演員從讀劇本、背劇本開始理解角色不同，我從沒
有讀完劇本過。但是既然接了戲，當然不會直接跟導演
說：「我有閱讀障礙。」感覺像是外行人在找理由，我不
是個愛示弱的人，自己的問題得自己找出解決的方式。

我是從拍戲的工作流程中找出方法，大家都知道拍戲受
限於演員檔期、場地、設備等等因素，絕對不會是一個
故事按照順序從頭拍到尾，而是交錯著拍，所以我會在
演出前先請人讀劇本給我聽，先了解大概的劇情，到上

戲的當天再把要拍的對白、之於故事之間的關係，不斷複習背誦，接著把自己丟進故事的狀態中來表演。

我會一直跟導演說：可以演很多次都沒問題，但你要告訴我，我的表演跟整部作品是不是連貫？如果我表現的情緒多了，我就收斂一點，如果太少，我就再加一點。我尊重導演的專業，盡力滿足劇組的要求，而且，永遠要敢開口，去問比自己厲害的人。

26

我用信仰跟音樂來面對自己的弱點。

我膽子算大的，從小就天不怕地不怕，連鬼都嚇不了我，但有件事一直到現在都是我難以啟齒的弱點：我超怕搭飛機的。

可能是小時候受到空難新聞的影響，我怕到連相關題材的電視電影都避看，身邊的朋友都知道這話題是我的大忌，連提都不能提，出道前這件事的困擾不大，因為我們家很土，全家沒人搭過飛機，上國中時我媽要參加員工旅遊，公司安排搭飛機到金門，我害怕到幾乎快崩潰，想盡辦法阻止我媽成行。

當然我媽快樂地去又平安地回來，什麼事都沒發生，但我還是怕得不得了。

剛出道時，因為怕搭飛機，天真地立志要當一個「只在台灣唱歌」的歌手，以為這樣就可以與搭飛機絕緣，沒

想到因為參加《星光大道》開始有知名度後，第一場的商演就是澎湖！硬著頭皮登機，從起飛到降落，緊張到全程都用手撐住前座的椅背……。

到現在，搭飛機已經頻繁到成為我的日常生活之一，要說一年有一半以上的時間都在四處飛也不為過，其實心裡的恐懼並沒有消失，尤其是起飛與降落，每次很害怕的時候，我就會先靜下來禱告，接著大聲地放著搖滾樂，讓音量大過引擎聲，用這種方式來面對無法消除的恐懼。

我經常在飛機上寫詞，「獅子合唱團」專輯的 10 首歌都是在飛行的時候，用手機一個字一個字寫出來的，因為飛行途中沒什麼事情可以做，剛好可以靜下心來，也順便轉移注意力。像有一首叫做〈最後的請求〉的歌，那首歌非常 sad，創作過程有點卡關寫了好久，每次寫都是

眉頭深鎖，甚至寫著寫著會流下眼淚，空服員都不敢來
吵我，以為我心靈受創嚴重或是被人背叛之類 XD。

27

要了解全貌，就要從最不起眼的角落看起。

我很喜歡跟群體中最弱勢的人說話，像是在公司裡，比起跟老闆們，我更喜歡跟助理說話。

我覺得越是一般人會忽略的、那些不起眼的地方，通常沒有經過偽裝或美化，有時候眼睛看不到的世界，才是真實。

在對談中，有修習佛學的九色夫告訴我一個好美的故事。

「佛陀出生前，有位聖人跟佛陀的爸爸說：你兒子有天若不是成為偉大的國王，就會是一位出家的聖人。」

「為了讓兒子繼承王位，國王便將兒子關在皇宮裡，下令把窮人、病人跟乞丐通通藏起來，讓街上都是衣著光鮮亮麗的人，所以，王子以為外面的世界跟皇宮裡面一樣美好。」

「但有次他走著走著，瞥見街角有個瘦弱的乞丐，因為好奇追了過去，才見識到人生的生老病死，於是離開了皇宮，開始修行體悟真理，最後成了佛陀。」

想要了解事情的全貌，經常要從最不起眼的角落開始看起。

28

不用害怕強迫症。

從小我就是個敏感又追求完美的人，有人形容我有點強迫症。

我很容易察覺讓自己不舒服的事物，而一旦發現，對我的演出就會產生影響。

因此，在工作上，我對夥伴的要求很高，我期待跟一群專業

的人，一起完成工作，呈現給觀眾、聽眾高品質的演出。

就好像我上台時，如果穿一雙不合腳或是我不喜歡的鞋，整個人會感到不舒服，對演出就會產生影響。所以，我的工作夥伴們必須隨時全神貫注，減少不必要的失誤。

大家在舞台上或螢光幕前，雖然只是看到、聽到「蕭敬騰」的表演跟歌唱，但背後卻是一大群人努力的結果。

儘管有時候，工作人員還是會有些失誤，但只要站在舞台上，我盡可能努力掩飾失誤帶來的影響，盡我的力量，呈現完美的演出。

這是我的責任，也是我的專業。

請用音樂了解我。

29

我不是一個口才很好的人。

既使在音樂選秀節目擔任評審，也主持過大型頒獎典禮的現在，我依然這麼認為。

但這是一個要求頻繁溝通的網路世界，除了在傳統媒體發言

曝光外，廣大的聽眾更希望在社群媒體上隨時看見公眾人物們的一舉一動。

一開始我是反對經營社群平台的，因為我根本沒有時間也不擅長做這樣的事。

我也理解大家對於社群平台感到反感的是什麼，說真的，我自己也不愛那些。但公司認為在現在這個網路使用頻繁的社會，經營社群有它的必要性，而我一向相信公司的專業決定。

如果可以，請盡量不要只是用社群上看到的文字照片去了解一個人，那會有隔閡，甚至是一種假象，並無助於人與人之間深度的溝通。

我是一個歌手，請用我的音樂來了解我。

4
決定自己呼吸的方式

很多人都覺得我的命運很好，我其實也一直心存感激。

我們該認命地相信命運，還是堅信人定勝天？

如果為了避免不幸發生，而改變命運，會不會也錯過後來發生的好事呢？

如果人生可以重來，我還是會選擇我原來的命運，而不是被修改過的命。

30

任何表達工具都有極限，
心才能傳遞感動。

作為一位歌手，不能只把自己當成一個發聲的機器，對我來說，寫歌、唱歌是表達的一種方式，把自己的情感傳遞給所有人，就像作家用文字、攝影師用圖片，有時好不好沒有那麼絕對，重要的是能不能感動人。

我最快的紀錄是二十分鐘就可以寫完一首歌。其實所有創作都一樣，你覺得特別感人的，不見得觀眾會被打動，我寫的歌當然自己覺得每一首都很棒，但也未必大家都喜歡，這時就要用編曲或後製，去變得更貼近觀眾的審美觀。

歌詞是讓音樂更容易理解的輔助，我書讀得不多，會用的詞彙有限，而且也擔心自己的風格不符合市場的口味，因此曲大部分自己寫，歌詞寫得比較少，我寫的詞基本上就是大白話，沒有什麼文字的技巧在裡面，但這就是我，也是我直接傳遞情感的方法。

其實寫曲的人對音樂的情感原本就有一個想像在，常常唱片公司找專業的作詞人，寫回來一看，哇這用字真的好厲害，感覺也是很用心在寫，但有時候是歌詞跟我的音樂完全無關，或是歌詞一整個就像文言文一樣繞口，雖然咬文嚼字沒有不好，但我就會非常困擾，你能想像我去唱一首文言文的歌嗎？這很不像我啊。

最重要的是，我真的很討厭唱我背不起來的歌詞（笑），而且唱的時候，肯定也沒法傳達原本歌中所有的情感。

九色夫跟我分享一個看法，他說，所有的表達工具都有缺點，像是你即便把現在的感受用文字寫下來，事後再回頭去看，肯定也不會完全相同，甚至，文字的描述，很有可能會取代你當下真實的感受，讓你以為寫下來的描述才是對的，而完全忘記原本的真實。

就像我們旅遊，一定會打卡拍照，但真的能夠讓你重新回到震撼或感動或美好的當下，是靠人的大腦裡情感的觸發，還是一張照片？

我覺得九色夫真是說到我心裡去了，套句電影食神的台詞：一字記之，心！

31

如果用文字說明很困難，就用畫畫來代替吧！

雖然是一位小說家，但對從小就到美國當小留學生的九色夫來說，因為使用中文的能力有限，有許多想表達的東西是沒辦法寫出來的。

這種時候你都怎麼做呢？我問他。

「寫不出來的時候，就用畫的啊！」他笑笑說。

「比方說，我想要在故事中表達一個概念，就好像在一個正方形的房間裡，我想要放進一個圓形或是三角形的東西時，我要怎麼用文字去描述它？而那個東西又不是實體的圓形或三角形，那是一種類似氣場的概念，又或者，房間裡要放入的東西，比房間的實體空間還大時，那要怎麼描述？」

「我真的在當時想不到合適的文字時，就只好用畫的啊！」

「先把腦中想到的概念畫下來，等到某天適當的文字迸出來時，再把它寫出來，又或者，就把那概念用圖畫的形式保存下來，也許就一直以那樣的形式存在也無所謂。」

他說的，我懂。

因為閱讀障礙的關係，在現實生活中有很多感想感觸，我沒辦法用文字表達出來，就算想說也無從說起，那時候，如果手邊有合適的工具，我就會用畫的。

文字跟語言不是唯一可以表達的方式。

32

讓世界以我想要的方式繼續。

九色夫說，他因為捨不得一個自己喜歡的動畫畫下句點，所以試著接續創作，讓故事可以繼續下去，並把創作的成果發表在網路上，沒想到居然獲得廣大的迴響，從此走上寫作之路。

這世界上有許多事不能按照人的期望發展，大部分的時候，人們除了在有限的能力內努力與抗爭外，對於事情的發展經常只能接受。

有沒有辦法讓世界以我們想要的方式繼續呢？

可能只剩下創作吧！

不管是寫作、攝影、音樂或是電影，每一件作品都是創作者對世界的一種抒發與想像。

我會把自己對人世間的感情跟世界觀寫進我的歌曲裡，
透過歌聲跟世界溝通。在音樂裡創造一個我理想中的世
界，也希望所有的聽眾透過音樂走進我的世界。

33

當人跟人之間沒利害關係時，
真正的幸福才可能存在。

這世界有真正的幸福嗎？

我覺得，當人與人之間，甚至人與動物間，沒有利害關係的時候，真正的幸福才可能存在。

當關係中出現利害或有所期待的時候，壓力就會跟著產生。

比方說，父母希望孩子達到某些目標，就會產生壓力。

比方說，情人希望對方可以做到某些事，就會發生爭吵。

這不是說，對其他的人或事不該有期待或要求，只是當這些東西從心裡產生後，彼此之間的關係就不再單純，失去單純的關係，就不容易產生幸福。

以養寵物來說，人對寵物的要求是很低的。

寵物不可能乘載主人的基因，當然也不會有必須傳續下去的壓力；寵物終其一生頂多達到五六歲孩子的智力，而且從開始養的那一天開始，主人就注定了要幫牠們把屎把尿，要帶牠們散步運動，生病了要帶去看醫師，要為牠們牽腸掛肚，更別提，寵物們的壽命（除了烏龜）幾乎都比主人命短，所以，幫牠們送終，承受牠們離去

時的心痛跟悲傷，幾乎是每個主人的宿命。

但主人會期待寵物回報些什麼呢？他們之間會有什麼利害關係呢？

幾乎是不會有的。

所以主人跟寵物間的關係是很單純的，也就是這樣，人與動物間的關係，比起人與人間的關係，更容易達到所謂的「幸福」。

34

即便命運如同空氣，
我還是可以決定自己呼吸的方式。

很多人都覺得我的命運很好，我其實也一直心存感激。

我們該認命地相信命運，還是堅信人定勝天？

九色夫倒是提供給我一個有趣的觀點：「我相信命運，就跟我相信空氣的存在一樣。我們需要呼吸空氣才能活下去，但問題是，我該如何呼吸？是深是淺？是緩是急？卻是每個人自己可以控制的。」

「拿吃迴轉壽司來比喻的話，假設我今天去壽司店，而神是壽司師傅。師傅問凡人說：你想要吃什麼壽司？旋轉台上擺了十二個已經完成的各式壽司在你面前轉來轉去，我還是可以選擇我想要吃的，甚至是這十二種口味以外的壽司。這就是我對命運的看法。」

人生一定會碰到某些不幸的事，先天的障礙、情侶的生

離、親人的死別，這些事雖然改變了你的人生，但同時間也導引我們走向另一個更好的方向，如果為了避免不幸發生而改變命運，會不會也錯過後來發生的好事呢？

如果人生可以重來，我還是會選擇我原來的命運，而不是被修改過的命。

35

你愛的人一定有缺點，
因為愛包含了犧牲與服務。

我養了四隻貓六隻狗，本來有五隻貓的，但年初走了一隻，那是我的第一隻貓，我還沒入行前就養了，我所有的動物都是領養的，我開始養那隻貓時，牠已經四歲了，我養了牠十多年。

貓跟狗還是有些差別，貓會把自己當人看，而且情緒也很豐富，不像狗是順從的，從個性上來看，我覺得我跟貓比較像。

貓可以當人的老師，貓很獨立，不會崇拜人類，只會把你當成另外一隻貓看待；但狗可能會把主人當成是神。所以貓不想理你的時候，死也不會理你，但如果想黏你，你也沒辦法阻止牠。

如果你知道對方完全無法回報，你還願意義無反顧地愛牠，那才是真愛。養貓讓我學會這一點。

36
人與人的相處，
應該要真誠地保持距離。

我從小在龍蛇雜處的地方長大，很自然地會跟各種人接觸，一些「大哥」都很照顧我，用台語說就是很「得人疼」。我覺得人跟人之間的相處沒什麼秘訣，最重要的是我不管對任何人都一樣真誠，不會因為他們的身分而有差別，因為真誠會產生信任，也是一切人際關係的基石。

但所謂真誠，並不是一股腦地對別人掏心掏肺，對不同的人，要抓好彼此之間的分寸與距離，你該知道有些人可以一起吃飯玩樂當朋友，但要是一起做生意，以後可能連朋友都做不成。朋友落難，拿捏與朋友之間的關係，自己可以提供的資源，也比直接給錢有效跟重要得多。

若是碰到不真誠的人，不要跟他們深交，這是保護自己的方式。

37

我們都是人，
都只有一條命。

「人會因為具備不同身分的衝突產生壓力。比方說，當一個心理諮商師的同時，我也是一個樂團的主唱，而且我們的團是很吵的歌德式樂團，同時兼任這兩種身分，有時候某些人會不能接受，這曾經帶給我一些困擾，因為大家想像中的心理諮商師好像要是很沉穩文靜的，說話聲音要細細的，而不是感覺很狂放的 Rocker 樂團主唱，你也曾經被這類的問題困擾嗎？」心理諮商師周慕姿問我。

每個人在不同時空環境下都扮演著不同的角色。

就拿我來說，我在舞台上是歌手，在戲劇裡是演員，在公司裡是老闆，在家裡是兒子、兄弟，在情人的身邊當然就是男朋友。

當然，每個角色在世俗的想像裡都有某些特定形象跟任務，好像在擔任某些角色的時候，你就該怎麼樣怎

麼樣……。

但非得那樣不行嗎？

就好像很多人覺得在演藝圈工作一定都很喜歡喝酒，但大家都知道，我是一個滴酒不沾的人，雖然不排斥其他人喝酒，也不排斥跟喝了酒的朋友一起玩樂聊天或參加派對，但我就是不喝酒。

難道我的朋友會因為我不喝酒就不邀請我去參加派對嗎？

難道有人會因為我滴酒不沾就覺得我不是演藝圈的一份子嗎？

就算他們這樣想，對我會產生什麼影響嗎？

我在演《魂囚西門》心理諮商師的角色時，劇組找了一個心理諮商師來當顧問，他大致告訴我：心理諮商師的工作內容、工作時的型態等等資訊。

但我卻懷疑：難道這世界上所有的心理諮商師都必須是這個模樣嗎？

我有沒有可能表演出另一種更有說服力的心理諮商師呢？

我相信，不管從事哪一種工作？不管扮演哪一種角色？不管活在金字塔的哪一層？人跟人之間是有共通性的。我們都是人，都會有做人的基本需求、弱點。

更重要的是：我們都只有一條命。

38

任何職業只要是被需要的，

都值得被尊重。

如果能不讓我未來的老婆承受生產的痛苦，我曾經思考過可以找代理孕母來生小孩。

但這個想法一說出口，立刻在朋友間掀起熱烈的討論。

除了討論「代理孕母」的可行性跟生產過程對女性可能的意義外，在朋友們的言談中，我看到了一絲他們對「代理孕母」的誤解與歧視。

總有些人會瞧不起從事某些職業的人，但我覺得，任何可以存在社會上的職業，就代表有人對它有需求，除去那些作奸犯科傷害人的工作，只要是自食其力，對人們有幫助的工作，我覺得都值得被尊重。

39

不是一定要痛苦，
才能結出幸福的果子。

代理孕母的觀點,我也在對談時跟心理諮商師周慕姿分享,她給我另一個看法:「萬一你的老婆不在乎承受那樣的痛苦,你會同意她經歷那段生產的過程嗎?」

明知道會很痛苦還一定要親身去試?為什麼非得這樣不行呢?我不解。

明明知道那個過程很辛苦,我還要同意讓她痛苦嗎?這一點,我真的做不到。

「但有沒有可能經歷了那些痛苦後,會在親子間產生更多的愛呢?」她接著問。

這種說法更讓我困惑。

是誰說痛苦過後一定會結出愛的果實?

又為什麼有那麼多的痛苦，最後除了痛苦之外，什麼也沒有產生出來？

又或者，如果痛苦最後沒有產生出愛，那些苦會不會就白受了呢？

換個角度來說，我們有沒有辦法製造出一種只有愛沒有傷害的完美關係呢？

這世界每天都在進步，我們能不能嘗試尋找處理問題的新方式呢？

能不能別總是相信「痛苦能結出幸福的果子」這類的格言呢？

我也不確定，但我想努力找找。

無論如何，我不想讓自己愛的人承受痛苦。

40

選擇沈默是一種智慧。

「妳覺得我有什麼問題嗎？」我問心理諮商師周慕姿。

「我覺得，你像是一面照妖鏡，很容易反映出人心中最想
隱藏的弱點跟黑暗面。」她說。

也許是這樣吧！所以，現實生活中很多人很害怕跟我聊
天，因為我總容易問個不停……。

但這世界上，誰沒有秘密？誰沒有弱點呢？

每個人都有不想被別人知道的秘密吧！

保護弱點是生物的本能吧！

尤其在這個到處都是監視器跟網路肉搜的世界更是這樣。

身為公眾人物也許有許多無法選擇的無奈，但我始終覺得：就算可以很容易地就看到別人弱點，但選擇沈默不說出來是更值得學習的智慧。

5
如果能夠再來一次

任何人都無法毫無悔恨地度過人生，
就算過去的人生有遺憾，那都是讓你變成現在的你的養分。
當然，未來我一定還會經歷很多事，
不管是好事或壞事，我都不想錯過。

41

任何人都無法毫無悔恨地度過人生。

在跟《魂囚西門》的作者九色夫對談時，我們聊到一個
非常難得的巧合。

粉絲都知道，我在《王妃》這張專輯中寫過一首〈綠之
門〉的歌，寫的時候其實純粹只是一種感覺，描述著跟
你喜歡的人一起走在路途上，最終就看到那扇門。綠色
一直是一種能讓人平靜的顏色，我覺得綠色的門是一種
沒有壓力、但裡面可能藏著很多秘密的一扇門。

沒想到九色夫竟說，他在寫小說的時候，其實也都會在
每個故事裡面設計一道「綠之門」（Green Door），這
扇門代表著一個可以回到過去做出重大決定的開關，故
事的角色都會有機會思考：要不要回到過去改變人生？

九色夫也說，國外也有一首叫做〈Green Door〉，歌
詞講一個人經過有綠色門的酒吧時，發現酒吧正在辦

派對，裡面的人都玩得很開心，站在外面的他思考著：
「要不要進去？」。

他說當他聽到這歌時就在想：當人在做重大決定時，
就像站在酒吧門口的人一樣，會想我走進去後會更快
樂嗎？會不會我走進去後，剛好碰到有人打架，飛來
一支酒瓶把我砸死？就像沒人會知道結果如何，但人
生終究需要面對許多重要抉擇，所以他才在小說裡都
藏了一扇綠之門。

任何人都無法毫無悔恨地度過人生，九色夫說，一扇可
以回到過去的門，其實也是重新確認自己的一次機會，
如果回到過去可以救回生命中最重要的人，改變後來發
生的一切，他可能也不會這麼做，因為他認為，如果沒
有那些生離死別的磨練，也不會成就今天的我。

我想我也是一樣的，如果真有這麼一扇綠之門，我也不
會去用它，就算過去的人生有遺憾，那都是讓你變成現
在的你的養分。

如果非用不可，我會想回去看阿嬤，我想告訴她，那個
讓她煩惱的孫子，現在過得很好，因為她人生最後的階
段，我是一個非常壞的孩子，非常讓她掛心。

當然，未來我一定還會經歷很多事，不管是好事或壞事，
我都不想錯過。

42

過去的遺憾，都是你現在的養分。

43

自己願意才可能做出改變。

九色夫雖然是個心理醫師,每天要聽很多病人的心裡話,但對談分享之後,我覺得他同時也是非常壓抑的人,是花了很大的力氣走出來,靠寫作重新找回快樂。對談時我跟他開玩笑地說,從小我就是那種霸凌別人的壞學生,幸虧我們是現在認識,如果我們相識在學生時代,你很可能就是那種會被我霸凌的好學生!

他說，其實他真的是那種會被霸凌的人，從小一直到後來出社會都遇過，到現在有些病人還會不理性地罵他！但他覺得以心理醫師的專業而言，病人願意罵出來反而是好事，起碼情緒能找到一個出口。

我問他，你會不會恨那些霸凌過你的人？他給的答案讓我很驚訝也很揪心，他說，很多會忍耐霸凌的人，他們恨的不是對方，其實是自己，恨自己的無能為力，恨自己為什麼不反抗，沒有在第一時間拿個榔頭朝對方頭上打下去。

當然，霸凌這個行為是絕對錯誤的，我也曾經為了年少時的無知付出代價，但從我跟九色夫兩種不同的角度來看，霸凌者跟被霸凌者的心裡其實都有某種缺口，也都很不快樂。霸凌別人的人，靠著一時的痛快來紓解；而被霸凌的人，則靠著忍耐來讓自己活下去。

不論你是哪一種人，都需要做出改變，才能讓人生重新找到目標，過得快樂。九色夫說，他當心理醫師後更確定一件事：醫師是無法改變病人的，除非他們願意自己做出改變，他靠寫作、我靠音樂，重新讓人生回到正軌，我想我們都是幸運的人。

44

被霸凌的人其實恨的是自己。

45

解決問題有兩種方式：
放下它或扛起它。

心理醫師該怎麼幫助病人解決問題呢？我問九色夫。

「對心理醫師來說，所謂的『解決問題』，並不是像電腦一樣按個『Delete』鍵，或是像外科醫師一樣動個刀，把不好或不需要的東西徹底刪除或割除那樣簡單明瞭。」九色夫這樣告訴我。

「人的心理創傷，有時候不管怎麼治療，都會在心裡或大腦裡佔據某個位置，永遠不會消失，就像一個包袱一樣。」

「處理人生中的包袱有兩種方式，第一種就是放下它，我
們協助病人尋找一種方式把身上的包袱放下，放在心裡
某個不容易被注意到角落，然後抬起頭邁開腳步，繼續
向前邁進。」

「另一種方式就是陪伴病人將身心訓練出強壯肌肉，能夠
扛著身上的包袱繼續向前走，不被包袱壓倒。」

「當然，這兩種辦法，有時候不需要心理醫師的協助，病
人自己也做得到。」說到這裡，九色夫笑了。

這兩種方法哪一種比較容易呢？我問自己。

可能是鍛練出一身強壯的肌肉吧！畢竟，某些回憶就算
帶來傷害跟不愉快，我也不想輕易拋棄它。

任何事情都有盡頭，
到了盡頭就需要改變。

46

每個人都想要生活過得好一點，沒有人希望有壞事發生，這是人之常情，我們常常會期待藉由某件事來得到命運的轉變，但任何的轉變，都要從改變自己開始。

聽起來很有道理，很多心靈雞湯的書或作家也都教大家要這樣做，但是，改變需要契機，我其實並不排斥用一點小小的技巧，讓心裡起到一些安慰作用。

比方說，我叫蕭敬騰，但我討厭叫這個名字的自己，為了改變，我改名叫劉德華，因為換了名字，我每天就可以提

醒自己，我已經不是「蕭敬騰」了，我是一個全新的「劉德華」。

又比方說，當初的我有一個喜歡的顏色，可是我想改變自己，所以，我把原來自己喜歡的顏色換成其他顏色，並告訴自己：我從今天開始最喜歡的顏色是某某色。

就像「算命」，不是去改變你的命格，而是透過某種儀式，讓自己的心態轉移，進而成為全新的自己，讓你知道，你真的變得不一樣了。

就像有對交往很久的情侶，如果不做點改變，戀愛就要走到盡頭了，所以他們就選擇結婚，雖然也許結婚後也可能會離婚，但也可能因此走得更遠。

我覺得，任何事情都有盡頭，到了盡頭就需要改變。

47

負面情緒就像小小的麵團，
放著不管就會發酵膨脹。

我很怕搭飛機，但如果理智地想，飛機其實是一種很安全的交通工具。如果以飛行來比喻人生的話，我人生中的種種煩惱，跟真正活得很辛苦、像是生病沒錢日子過不下去的人相比，頂多類似在飛行途中遇到亂流，晃一下就過去了，根本是微不足道的。

九色夫提供給我一個心理醫師常用的說法，我覺得很能說服我：人的煩惱就像正在發酵的麵團一樣，一開始都是小小的，如果它處在適合發酵的環境，你不去阻止它，就會一直膨脹放大，所以，當負面的情緒出現的時候，就該想想生活中有趣跟有價值的事，中斷負面情緒的發酵。

像他在遭遇創作瓶頸的時候就會想，跟很多人比起來他算是非常幸運、像是抽中樂透般的幸運：很少有人第一部小說就可以拍成電視劇，九色夫的媽媽聽到這個消

息，馬上興奮地打電話跟他說：「你的小說要由蕭敬騰來演談！」他說只要想到這點，寫稿子時碰到的焦躁，就能夠被舒緩下來。

我雖然書讀得不好，但從小還算聰明，也有音樂、運動這些嗜好投注自己大部分的心力，像是即便開會開得再晚、再忙，時間到了該打球就去打球，所以我心中負面情緒的麵團，應該很小很小吧。

不給負面情緒發展的養分，不要讓它無止盡的發酵，我相信大家都可以做到。

48

人不該對未來預設立場。

這世界每天都在改變，有時候，忽然回過頭去看，會有一種不可思議的感覺。

原來不久前還很困難的事，現在看起來還挺簡單的。

這可能是因為：人類是地球上最不安於現況而試著改變的動物。

比方說，生產這件事。

我從小就覺得媽媽們都很辛苦，因為她們得為了生小孩承受很多辛苦，放棄自己的夢想，然後，如果對孩子有許多不同的要求，又會被說成在「情緒勒索」。

有沒有辦法解決這個困境呢？

比方說，用專業的代理孕母處理生產辛苦的過程？

比方說，可以發明某種機器，把人類的受精卵放進去，然後，小孩就在機器裡慢慢長大，而父母親可以繼續自己的生活與工作，追求自己的夢想？

應該會有很多人覺得我在說夢話，但如果十年前，有人跟你說：不久的將來，很多事情都可以在小小的手機上處理完成，甚至出門連錢包都不用帶⋯⋯。

當時的很多人都很難以相信吧！

但這卻是我們現在真實的生活。

未來的事難以預料，但我們不應該放棄任何改變的嘗試。

49

每個人都有存在的意義，
我的意義是——搖滾。

心理諮商師周慕姿跟我聊起音樂，除了心理諮商師的角色外，她還是個樂團主唱。

我覺得，這樣挺好的。

不管是誰，在忙碌的日常生活外，都需要一個出口，而音樂是非常好的抒發方式。

在我毫無成就感可言的青少年時代，音樂不只是種抒
發，還改變了我的命運，讓我的存在有了意義。

特別是搖滾樂。

在正式出道前，我除了在西餐廳演唱外，還有參與樂團
的活動，當時，我本來希望唱片公司可以簽下我們的樂
團，以團體的方式出道，但考慮到市場環境、經營樂團
有一定的難度等問題，最後我還是以個人的方式出道。

流行音樂是非常專業的商業行為，公司有許多專業人才
各司其職，才能在競爭激烈的業界生存，讓歌手可以得
到燈光與掌聲發光發熱。

對於這一點，我始終非常尊重與感激。

因為自己也寫歌創作，出道初期我也期待塑造自己是

「創作歌手」的形象。

公司考量很多狀況後,還是決定我單純以歌手出道比較好,但為了滿足我發表創作的慾望,每張專輯裡都會放幾首我創作的歌曲。

以結果論來說,公司的決策是對的。因為我自己創作的歌受歡迎的程度,遠不及他們選定的。

但我心裡從來沒有放棄過音樂創作,沒放棄過擁有自己的樂團,沒放棄過搖滾。就這樣,前幾年因為要發行一張搖滾樂專輯,我順水推舟地組成了「獅子合唱團」。

但以單純樂團主唱的身分來說,就算「獅子合唱團」不紅也沒有關係,因為「搖滾」、「樂團」對我的意義,早已經超越商業。

我也很感激公司一直把我組團的夢想放在心上,並幫我實現。

「我覺得,跟樂團一起練團演出,比發行專輯跟搞行銷活動開心很多,登台演出更是這樣,就算台下沒有幾位聽眾。」周慕姿跟我分享她的演唱心得。

她說的沒錯,玩音樂就是這麼一件讓人腦內啡狂飆的開心事。

如果不用考慮到市場,可能會是件更單純而開心的事吧!

無論如何,現在我還可以開心地表演,還可以張口唱歌把我的心情傳達給許多喜歡音樂的人,不管是身為一個歌手或是樂團主唱,我都很開心很感恩!

我存在因為我歌唱。

50

不論關係多親密，
單純直接最好。

我喜歡跟人保持距離。

不管是朋友、家人或是情人間都該保持一定的距離。

不只是為了安全,更是一種禮貌。

我非常愛我的二哥,從小就很崇拜他,因為他,我參加
宮廟活動;因為他,我開始接觸音樂。

但每個人都有不同的運氣。一起玩音樂的我們,在音樂
的路上有著截然不同的境遇。

我不是沒想過要幫助他,但這種事情,在兄弟的關係間
該怎麼拿捏?該怎麼做?或做到什麼程度?才能既幫助
到他又能維持他的自尊呢?

前幾年，我二哥在我的公司裡任職，這對我來說，也是非常大的考驗。

在血緣上，他是我敬愛的二哥。

在公司的體制裡，我是他的老闆。

對凡事要求完美的我來說，公事上我得一視同仁，不管是對工作品質的要求，或是工作上應對該有的規矩，我不能因為他是我哥就放水，否則我怎麼面對跟要求其他的同事？

畢竟，就算不明說，公司內外的所有人都睜大眼看著我們。如果我徇私偏袒，別人會怎麼說？這對他或對我，都不是件好事。

但在家庭關係，他是我的哥哥，是我從小追逐的背影。

於是，我們在公司共事的那段時間，我每天都得戰戰兢兢地拿捏分寸，就像在開車中，一下踩油門，一下踩剎車地，努力保持安全距離……。

這對我來說，真的很辛苦。

我哥最後離開了公司。我們又能回復單純的兄弟關係。

雖然我們不是經常聯絡，但他知道，我一直是那個跟在他身後關心他的弟弟。

這樣就很足夠了。

不一樣

作者	蕭敬騰
文字協力	涼風徹
編輯協力	吳優
特別感謝	九色夫、周慕姿心理諮商師
攝影	Ivy Chen
劇照提供	公共電視
插畫繪製	李瑋恩
美術設計	LCW、Remie Chen

主編	莊樹穎
行銷企劃	洪于茹
出版者	寫樂文化有限公司
創辦人	韓嵩齡、詹仁雄
發行人兼總編輯	韓嵩齡
發行業務	蕭星貞
發行地址	106 台北市大安區光復南路 202 號 10 樓之 5
電話	(02) 6617-5759
傳真	(02) 2772-2651
劃撥帳號	50281463
讀者服務信箱	soulerbook@gmail.com
總經銷	時報文化出版企業股份有限公司
公司地址	台北市和平西路三段 240 號 5 樓
電話	(02) 2306-6600

第一版第一刷 2019 年 2 月 26 日
ISBN 978-986-97326-0-4